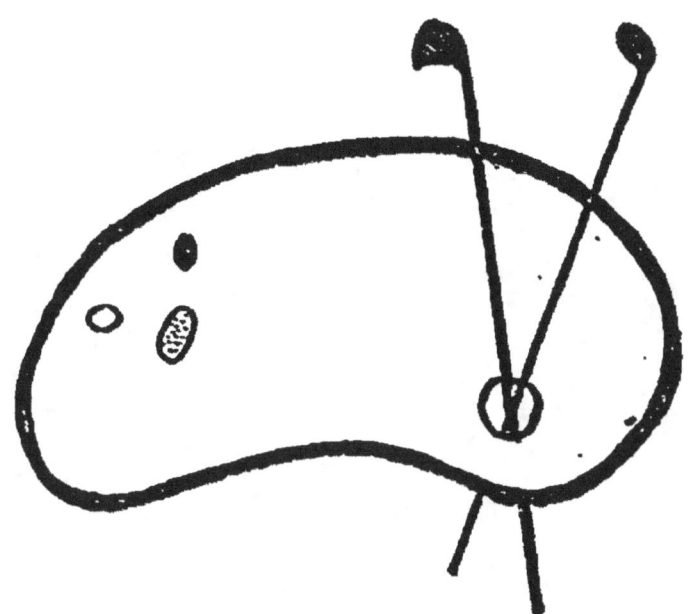

DEBUT D'UNE SERIE DE DOCUMENTS EN COULEUR

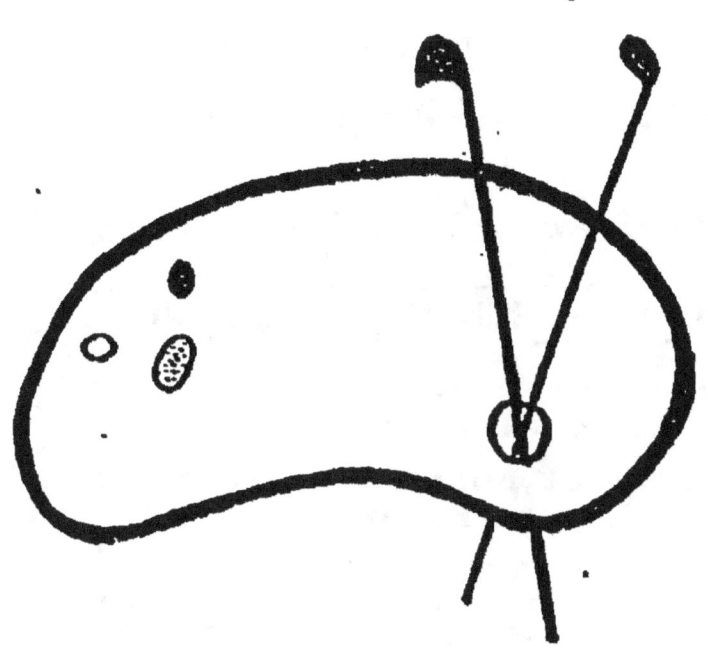

FIN D'UNE SERIE DE DOCUMENTS
EN COULEUR

22-24 décembre 1823

CATALOGUE

D'UN CHOIX

DE TABLEAUX,

DE GOUACHES ET DE DESSINS

D'HABILES ARTISTES

Des Écoles modernes d'Angleterre, de Suisse et de France;

*Du Cabinet de Mr J.-F. d'*OSTERWALD.

PAR F.-L. REGNAULT-DELALANDE.

Cette Vente se fera les Lundi 22, Mardi 23, et Mercredi 24 Décembre 1823, six heures de relevée,

HOTEL DE BULLION (Salle N.° 4),
Rue J.-J.-Rousseau, N.° 3.

L'Exposition de cette Collection aura lieu le Samedi 20 et le Dimanche 21, de midi à 4 heures. On verra de plus chaque jour de la vente, de midi à 2 heures, les articles des Vacations.

Le présent Catalogue se distribue à PARIS,

Chez MM. { FÉLIX, Commissaire-Priseur, rue du Faubourg-Poissonnière, n.° 18 ;
REGNAULT-DELALANDE, Peintre et Graveur, cul-de-sac des Feuillantines-St.-Jacques, n.° 12.

DE L'IMPRIMERIE DE LEBLANC.
1823.

AVERTISSEMENT.

La Collection dont nous donnons ici le Catalogue, a été formée de manière à piquer la curiosité des amateurs, et à ajouter à l'intérêt qu'ils portent aux Artistes modernes; des Ouvrages de près de quatre-vingts de ces Maîtres, Ouvrages variés, de choix, dont les Sujets représentent des Sites les plus pittoresques de Sicile, de Suisse et de France, attireront sans doute leur attention particulière. En relation avec des Peintres et des Dessinateurs de différens pays, M.r d'OSTERWALD a été à-même d'acquérir une assez grande quantité de leurs productions. Ce curieux éclairé aura, par l'excellence de son choix, bien mérité des Artistes, et ajouté un nouvel éclat à celui que leur ont acquis leurs talens; les Beaux-Arts lui auront aussi l'obligation d'avoir donné aux Amateurs l'occasion d'augmenter le nombre d'excellentes productions qui leur procurent de douces et paisibles jouissances; ils devront à ses soins la facilité de pouvoir acquérir des Morceaux actuellement si recherchés, des meilleurs Artistes qui se sont distingués par l'exécution de Dessins à l'aquarelle.

Les Tableaux, les Gouaches et les Dessins sont de grandeur moyenne, généralement uniformes, et tous richement encadrés. Dans la description

AVERTISSEMENT.

qu'on a donnée des Sujets qu'ils représentent, la droite ou la gauche est indiquée eu égard à la personne qui regarde.

Les mesures des Tableaux sont prises de l'arrasement intérieur des bordures; celles des Gouaches et des Dessins, du trait carré qui entoure la Composition.

L'étoile placée près des numéros, aux Articles des Gouaches et des Dessins, sert à indiquer les Morceaux qui sont sous verre.

ABRÉVIATIONS.

Aquar. Aquarelle.
D'apr. D'après.
H. Hauteur.
L. Largeur.

L. Ligne.
P. Pouce.
Pap. Papier.

(Voir l'Ordre de la Vente, page 35.)

CATALOGUE.

TABLEAUX.

BOISSELIER (Par Mr A.-C.), *Français.*

1 Ruines des principaux Temples à Selinunte, en Sicile : sur les devants, des tronçons et de chapiteaux de colonne, des frises, et d'autres débris d'architecture, entourés d'herbes et de broussailles : à un de ces vestiges, le chiffre du peintre, formé des lettres A. C. B., et l'année 1822. H. 13 p. 8 l. L. 10 p. 6 l. *T*.

2 Plaine d'Agrigente, en Sicile : vers la droite, le Temple de la Concorde ; près de là, un pâtre et des moutons ; des hommes, assis sur des vestiges d'architecture, occupent les devants ; au coin de la terrasse, A. C. B. 1821. H. 13 p. 3 l. L. 16 p. 6 l. *T*.

BOUHOT (Par M.^r), *Français.*

3 L'Intérieur du Château de Sciacca, en Sicile : des figures ornent les différens plans ; à gauche, sur le devant, un vieillard, une femme et un enfant ; à droite, au bas d'un mur en ruine, BOUHOT. 1821. H. 10 p. L. 13 p. 6 l. *T*.

DE MEURON (Par M.^r MAX^e.), *de Neufchâtel, en Suisse.*

4 Termini, dans la partie septentrionale de la Sicile : à côté de débris d'architecture placés sur le devant, un villageois près d'un homme assis à terre. H. 11 p. L. 15 p. *T*.

GARNERAY fils (Par Mr L.), *Français.*

5 Le Port et la Ville de Catane, situés au pied du mont Etna ou Gibel, en Sicile : deux éminences, formées par la lave produite par la grande éruption de 1693,

Suite des Morceaux de M.ʳ L. GARNERAY fils.

occupent partie du devant; dans l'éloignement, le port et la ville; à gauche, sur l'eau, L. GARNERAY. H. 8 p. 3 l. L. 11 p. T.

6 Le Port d'Agrigente, en Sicile : au-delà d'un fort, on voit les mâtures des bâtimens; à gauche, sur le devant, à peu de distance du bord de la mer, un peintre occupé à dessiner l'aspect de ces lieux. H. 8 p. L. 11 p. T.

GRENIER (Par M.ʳ F.), *Français.*

7 La Ville du Hâvre-de-Grâce, dans la Haute-Normandie, au pays de Caux, prise de l'ancien couvent de Graville : une femme, accompagnée d'un enfant, parle à un vieillard assis sur l'herbe, à peu de distance d'une grande croix placée sur le devant. Le Hâvre se voit au-delà des plaines qui occupent les plans suivans; au coin de la terrasse, à droite, GRENIER. 1823. H. 8 p. 3 l. L. 11 p. 3 l.

8 La Rade du Hâvre, prise par un temps de brouillard : des hommes y remplissent d'eau un tonneau placé sur une charrette attelée de deux chevaux; à droite, sur la grève, un peintre, un matelot; près de là, un militaire appuyé sur un canot renversé; sur le bord du devant, F. GRENIER. H. 8 p. 3 l. L. 11 p. 3 l. T.

GUDIN (Par M.ʳ THÉODORE), *Français.*

9 S.ᵗ-Malo, près de S.ᵗ-Servan, vu par un temps orageux; à gauche, dans le port, un navire battu par le gros temps; des moulins à vent, placés sur des hauteurs, masquent partie de la ville, qu'on aperçoit dans l'éloignement; au bord de la mer, un matelot et un baigneur. H. 8 p. 3 l. L. 11 p. 4 l. T.

10 Vestiges du Château de Guildo, au bord de la mer, à peu de distance de S.ᵗ-Malo : sur le devant, à

Suite des Morceaux de M.r Théodore GUDIN.

droite, des marins dirigent leur canot vers un bâtiment dont les voiles sont ployées; à terre, un matelot; au coin de la terrasse, T. GUDIN. 1823. H. 8 p. L. 11 p. *T.*

HUBER (Par M.r M.), *de Zurich.*

11 La Ville de Palerme, prise des hauteurs du couvent de *Santa Maria di Jesus*; dans l'éloignement, *Monte Pelegrino* et la Méditerranée; à la droite du devant, dont le sol est en partie couvert d'aloès, un Sicilien et une Sicilienne; au bord de la terrasse, M. HUBER *fecit* 1822. H. 12 p. 6 l. L. 17 p. 6 l. *T.*

12 Entrée du Port de Palerme, à l'instant d'un orage: on aperçoit à gauche, dans l'éloignement, *Monte Pelegrino*; vers la droite, à l'extrémité de la jetée, un fort surmonté du drapeau blanc; sur le devant, des matelots occupés à tirer des flots des débris d'embarcations; près de là, un canot brisé; au coin de la terrasse, M. HUBER *fecit* 1821. H. 12 p. 6 l. L. 17 p. 6 l. *T.*

13 Intérieur du Port de Palerme: nombre de matelots et d'ouvriers y sont occupés à différens travaux; dans l'éloignement, *Monte Pelegrino*; à droite, sur la Méditerranée, une frégate sous voiles; au coin, sur l'eau, M. HUBER *fecit* 1821. H. 12 p. 6 l. L. 17 p. 6 l.

14 Le Port d'Agrigente: à droite, les habitations et les forts; le milieu et le côté opposé présentent la rade et une grande étendue de mer; sur le devant, deux muletiers et deux mulets; au coin, à gauche, M. HUBER *fecit* 1822. H. 12 p. 6 l. L. 17 p. 6 l. *T.*

15 Le Port de Tusa, en Sicile: cette ville et les forts occupent la gauche; du côté opposé, dans l'éloignement, on aperçoit en mer des embarcations; sur les

Suite des Morceaux de Mr M. Huber.

devants, une barque et un canot échoués; près de là, trois matelots, deux étendent un filet; à terre, au-dessous du canot, M. Huber 1822. h. 12 p. 6 l. l. 17 p. 6 l. *T.*

JOLY (Par M.^r), *Français.*

16 La *Cavée d'Ispica*, dans la vallée de Noto, en Sicile : à droite, un peintre occupé à dessiner la vue de l'entrée d'une des grottes pratiquées dans un rocher par les anciens Siciliens; près de là, un berger et des moutons. h. 9 p. l. 12 p. *T.*

17 *Ponte Ortelia*, près de Messine : un voyageur, appuyé sur le pont, regarde les eaux du torrent; on remarque au fond, vers la gauche, un rocher d'une forme extraordinaire. h. 12 p. l. 9 p. *T.*

LESAINT (Par Mr Charles), *Français.*

18 Intérieur des Cloîtres du Couvent des Capucins, à Palerme : on y voit trois religieux; l'un assis occupé à lire; au coin à droite, à une banquette en pierre, Lesaint. h. 7 p. 10 l. l. 10 p. 10 l. *T.*

19 Catacombes de l'Eglise de St-Jean, à Syracuse, ville de Sicile, dans la vallée de Noto : sur les degrés de l'escalier qui conduit aux Catacombes, une dame et un cavalier. h. 10 p. 9 l. l. 7 p. 6 l. *T.*

20 Intérieur des Souterrains du Théâtre de la ville de Taormine, ville située sur la côte orientale de la Sicile, entre Catane et Messine : on y voit un berger à demi-couché à terre; plus loin, des moutons broutent des feuilles de branchages; à droite, au bas d'un mur, Lesaint. h. 7 p. 6 l. l. 8 p 6 l. *T.*

NOEL (Par Mr Jean), *Français.*

21 Le Port et la Ville de St-Valery, en Caux : au-delà de l'écluse construite pour faciliter le curage du port,

Suite des Morceaux de Mr Jean NOEL.

des bâtimens à voiles; au bord de l'eau, un bateau échoué sur le sable; près de là, deux villageoises. H. 8 p. L. 11 p. *T.*

22 Deux Vues d'Etretat, l'une prise du rocher dit *la Grotte du Trou à l'Homme*, l'autre du côté opposé de la rade : le rocher où est pratiqué la grotte s'y voit dans l'éloignement; un bateau échoué et des figures occupent les devants. H. 8 p. L. 11 p. *T.*

PERIN (Par Mr ALPHONSE), *Français.*

23 Vestiges d'un des Temples à Selinunte, en Sicile : près de là, un Sicilien et deux Siciliennes effrayées à l'aspect de Barbaresques qui viennent d'effectuer une descente. H. 12 p. L. 18 p. *T.*

24 Temple de Segeste, dans les montagnes de Sicile : près du Temple, un berger se repose; à gauche, sur le devant, quatre villageois et villageoises. H. 12 p. 6 l. L. 18 p. *T.*

25 Tombeau d'Archimède, à Syracuse : un berger, appuyé près d'une colonne du monument, garde des beliers et des moutons qui paissent dans un pré. H. 11 p. L. 16 p. *T.*

REGNIER (Par Mr AUGUSTE), *Français.*

26 Torrent de Sciartino, en Sicile : les eaux de ce torrent coulent entre des montagnes d'un aspect sauvage; on aperçoit à la gauche, sur un pont de deux arches en pierre, une caravane; du côté opposé, au pied d'un rocher, un villageois, assis sur l'herbe, raccommode sa chaussure; au coin de la terrasse, REGNIER *f.* H. 10 p. L. 16 p. *T.*

27 Couvent de *Santa Maria di Jesus*, près de Palerme: sur un chemin, couvert d'une treille qui conduit au monastère, cinq religieux; au bas du chemin, à côté

Suite des Morceaux de M. Auguste REGNIER.

d'une espèce de pyramide, une niche, avec statue de Madonne; à droite, une fontaine, dont les eaux tombent dans un bassin; au bas d'un mur, REGNIER. H. 10 p. L. 16 p. *T.*

28 Le Château de Dieppe, situé aux pieds des falaises blanches : les devants présentent des pelouses, où des dames et des cavaliers se promènent; à gauche, on aperçoit en mer des embarcations; au bord de la terrasse, REGNIER *f.* H. 8 p. 6 l. L. 11 p. 6 l. *T.*

29 Pourville, près de Dieppe, pris au clair de la lune : Ce village, vers lequel des hommes se dirigent, est situé aux pieds des falaises blanches qui bordent la mer qu'on voit à la droite; sur les devants, des filets étendus; à terre, au coin, à gauche, REGNIER *f.* H. 8 p. 6 l. L. 11 p. 6 l.

REMOND (Par M.'), *Français.*

30 Vestiges des quatre principaux Temples, à Agrigente : à la gauche du devant, le Temple de Jupiter-Olympien; près de là, un jeune garçon et une jeune fille; à droite, sur une colline boisée, le Temple d'Hercule; du même côté le Temple de la Concorde, et dans l'éloignement, celui de Junon. H. 11 p. L. 16 p. *T.*

31 Le Temple de Junon et le Temple de la Concorde, dans la plaine d'Agrigente, pris de la terrasse du Chantre Pantirieri : sur la terrasse, deux religieux; à la gauche du devant, un grand palmier. H. 11 p. L. 16 p. *T.*

RENOUX (Par M.'), *Français.*

32 Couvent à Sciacca, en Sicile : des religieux y distribuent des Aumônes; les bâtimens du monastère occupent le milieu et la gauche : on aperçoit, du côté opposé, *Monte San Calogero.* H. 7 p. 6 l. L. 10 p. 6 l.

Tableaux.

Suite des Morceaux de Mr Renoux.

33 Cloître du Couvent de *Santa Maria di Jesus*, près Palerme : on y voit St François représenté à genoux et en prière ; à droite, trois religieux ; du même côté, les cloches du monastère. h. 8 p. l. 11 p. *T.*

34 Souterrains du Théâtre de Catane, ville de Sicile, située sur un golfe, au pied du mont Etna : sur l'escalier qui conduit aux souterrains, une dame enveloppée dans une mante ; au coin à gauche, à une pierre, Renoux 1821. h. 8. p. l. 11 p. *T.*

RICHARD (Par Mr Théodore), *Français.*

35 La Ville et le Port de La Rochelle, prise de la jetée : au bas de la jetée, une femme et trois matelots ; à gauche, un bâtiment à l'ancre ; dans l'éloignement, la ville et le port, où l'on aperçoit un grand vaisseau en radoub. h. 8 p. 3 l. l. 11 p. 3 l. *T.*

RONMY (Par M.^r   ), *Français.*

36 La Ville de Taormine, prise de Jardini : elle est située sur une éminence, au pied d'une montagne, surmontée d'une citadelle ; à gauche, sur un mamelon de la même montagne, le village de Mola ; sur les devants, deux religieux, un muletier et un mulet ; la mer occupe la droite. h. 8 p. 3 l. l. 11 p. 3 l. *T.*

37 Château de *Sant'Alessio*, construit sur un rocher, au bord de la mer, à peu de distance de Messine : sur le devant, une barque échouée sur le sable, et un villageois accompagné d'un muletier qui conduit deux mulets chargés. h. 8 p. 3 l. l. 11 p. 3 l. *T.*

38 Des Pèlerins sortant processionnellement de la Chapelle de *San Salvador*, à Catane, en Sicile : Chapelle édifiée au haut d'une éminence formée par la lave produite par l'éruption du mont Etna, en 1693 ; à gauche, dans le fond, la Méditerranée. h. 8 p. 3 l. l. 11 p. 3 l. *T.*

Suite des Morceaux de Mr Roxny.

39 Extérieur d'une Chapelle élevée en l'honneur de Ste Rosalie, entre des rochers, sur le mont Pelegrino, en Sicile : le devant est occupé par deux religieux et un villageois ; à gauche, au bord d'un chemin, deux chapelles de Madonne ; devant la 1.re, qu'ombrage un gros arbre, une paysanne à genoux ; au bas du mur de la 2.e, Roxny 1823. h. 8 p. 3 l. l. 11 p. *T*.

40 Intérieur du Cratère du mont Etna : des voyageurs paraissent y faire des observations. h. 8 p. 3. l. l. 11 p. 3 l. *T*.

41 La Fontaine Aréthuse, à Syracuse : deux paysannes y lavent du linge ; près d'elles, un homme en manteau et un villageois ; dans le fond, un mur crénelé. h. 8 p. 3 l. l. 11 p. 3 l. *T*.

TRUCHOT (Par M.^r), *Français.*

42 Vestiges du Théâtre de Taormine, pris de l'entrée : un paysan et trois villageoises sont près de là ; à gauche, dans l'éloignement, on aperçoit la ville et sa forteresse, et le village de Mola. h. 11 p. l. 16 p. *T*.

VILLENEUVE (Par M.^r), *Français.*

43 Monument antique servant de chapelle aux religieux de l'ordre de Saint-François : au pied de l'escalier, trois figures ; dans l'éloignement, le temple de la Concorde, et dans le fond, la Méditerranée ; à gauche, sur le devant, un gros tronc d'arbre. h. 11 p. l. 15 p. 10 l. *T*.

44 Vestiges du Temple d'Esculape à Agrigente en Sicile : ce monument est entouré de pelouses, où un berger garde des moutons ; dans l'éloignement, d'un côté la ville, de l'autre le temple de la Concorde. h. 11 p. l. 16 p. *T*.

45 Tombeau de Théron dans la plaine d'Agrigente : à la

Suite des Morceaux de Mr VILLENEUVE.

droite du monument, deux figures; des arbres et des buissons couvrent en partie les terrains des environs; dans le fond, on aperçoit la Méditerranée. H. 11 p. L. 16 p. *T.*

WITHCOMBE (Par Mr THALÈS), *Anglais.*

46 L'Entrée du Port du Hâvre, où des matelots font aborder un navire: la ville occupe la droite de la rive opposée; à gauche, au coin de la terrasse, sur une pierre, THA. WITHCOMBE. H. 11 p. L. 16 p. *T.*

GOUACHES ET DESSINS.

BALZAC (Par LOUIS-CHARLES), *Français.*

47 Propylées du Temple à Thèbes, en Egypte: à la droite, des dessinateurs sous une tente; ruines du temple de Luxor, près du Nil. H. 7 p. 6 l. L. 10 p. 6. Aquarelles.

BARRET (Par Mr G.), *Anglais.*

48* Les grandes Latomies de Syracuse: des chèvres et des moutons broutent l'herbe qui croît dans les environs; à droite, la caverne dite l'*Oreille de Denis*; du côté opposé, des aquéducs; sur la terrasse, G. BARRET. H. 11 p. L. 16 p. Aquar.

BIDERMANN ou BIEDERMANN (Par Mr JEAN-JACQUES), *de Winthertour, en Suisse.*

49 Stein sur le Rhin: cette ville, située à la gauche, au pied d'une chaîne de montagnes, est précédée d'un pont de dix arches en bois; sur le Rhin, quatre bateliers dans une grande barque; au bord de l'eau, deux tonneaux, et au-dessous du trait carré, J.-J. BIEDERMANN *f.* H. 8 p. L. 11 p. 3 l. Aquar.

50 Steckborn sur le lac de Constance: à gauche, des prairies occupent les devants; près de deux gros

Suite des Morceaux de Mr J.-J. Bidermann.

arbres, un sentier où sont un paysan et une paysanne chargés de paquets; au-dessous du trait carré, J.-J. Biedermann *f.* h. 8 p. l. 11 p. 3 l. Aquar.

BIRMANN père (Par Mr Pierre), *de Basle en Suisse.*

51* Vue de la partie occidentale du Lac de Constance : à droite, le château de Sandeck; sur le devant un pâtre et des animaux; plus loin, à côté d'un groupe de grands arbres, un homme, une femme et un enfant. h. 7 p. 6 l. l. 10 p. 6 l. Aquar.

52* Cascade du Tanim dans le pays des Grisons : les eaux de la cascade jaillissent au pied d'un site entouré de masses d'arbres; un villageois et un enfant sortent d'un bois qu'on voit à la droite; au bord du devant, P. Birmann *ad. nat. fecit.* h. 10 p. 6 l. l. 7 p. 6 l. Aquar.

BIRMANN fils (Par Mr Samuel), *de Basle en Suisse.*

53* La Ville de Taormine, en Sicile, prise de l'ancien théâtre : dans l'éloignement, le mont Etna; sur le devant, près de débris d'architecture entourés d'aloès et d'autres plantes, deux bergers, des moutons et des chèvres; à droite, à une pierre, Birmann. h. 10 p. l. 16 p. Aquar.

54* Taormine, prise du village de Jardini à l'instant d'un orage : la plage est occupée par des pêcheurs qui tirent un filet de l'eau; du côté opposé, des voyageurs près d'une statue. h. 11 p. l. 16 p. Aquar.

55* La ville de Messine, située en Sicile dans le Val de Démona, prise des hauteurs des environs : on aperçoit, dans le fond des montagnes de la Calabre, à la droite du devant, un villageois et une villageoise dans un chemin bordé d'un palmier et d'aloès. h. 11 p. l. 16 p. Aquar.

56* Vue générale de Syracuse, prise de l'ancien théâtre,

Gouaches et Dessins. 11

Suite des Morceaux de M.ᵉ Samuel BIRMANN fils.

dont les débris couvrent une grande étendue de terrain : à la gauche, près de rochers couverts de masses d'arbres, une jeune femme fait boire un enfant dans une coupe. h. 11 p. l. 16 p. Aquar.

57* La Fontaine Cyane près Syracuse : des papyrus et d'autre plantes couvrent les environs ; à droite, deux pêcheurs dans une barque tirent un filet de l'eau. h. 8 p. l. 11 p. Aquar.

58 Le Cratère de l'Etna : des voyageurs cherchent à en atteindre la hauteur. — Le Sommet de l'Etna, pris de la maison dite *des Anglais*, près de laquelle des hommes entourent un feu. h. 8 p. l. 11 p. 2 Aquar.

BONNINGTON (Par M.ʳ RICHARD PARKES), *Anglais*.

59* Port de Catane en Sicile : au-delà de la ville, le mont Etna ou Gibel : Vue prise au point du jour ; vers la gauche, des matelots réunissent leurs efforts pour aborder avec leur barque au pied d'un grand rocher ; sur l'eau, R. P. BONNINGTON. h. 8 p. l. 11 p. Aquar.

60 Le Port de Trapani sur la côte occidentale de la Sicile, près du Val de Mazaro où la ville est située : au bord de la mer, une femme et deux matelots ; une chaloupe échouée sur le sable est à la gauche. h. 8 p. l. 11 p. Aquar.

61* Le Château de Chillon, près du lac de Genève : on aperçoit sur le lac quelques barques à voiles ; au bord de l'eau, des terrains garnis de saules ; près des saules, trois villageois. h. 8 p. l. 11 p. Aquar.

62* Intérieur du Port de Boulogne en Picardie : port situé à l'embouchure de la rivière de Lyane ; un bâtiment en radoub et deux hommes sont au bord de l'eau ; au coin, à gauche, R. P. BONNINGTON. h. 8 p. l. 11 p. Aquar.

Suite des Morceaux de M.r Richard-Parkes BONNINGTON.

63 La Rade et la Jetée du Port de Boulogne : à la droite du devant, des ouvriers occupés à tirer des pierres. h. 8 p. l. 11 p. Aquar.

64* Des Matelots dirigeant deux barques à voiles vers un fort dans la rade de Boulogne. h. 8 p. 4 l. l. 11 p. Aquar.

65 La Ville du Hâvre, prise des hauteurs des phares : la rade est à la droite ; du côté opposé, un homme assis près d'un gros arbre. h. 8 p. l. 11 p. Aquar.

66* Port de Honfleur dans la Haute-Normandie : la ville, une tour et des embarcations occupent la gauche de la rive opposée ; à droite, le phare et des bâtimens à voiles ; au bord de l'eau, cinq matelots ; au coin, à terre, R. P. BONNINGTON. h. 8 p. l. 11 p. Aquar.

67* La ville de Rouen, prise du faubourg Saint-Sévère : des mariniers font aborder leur bachot près de la berge qui borde le devant ; à terre, R. P. BONNINGTON. h. 7 p. 6 l. l. 11 p. Aquar.

68* Port de Saint-Valery à l'embouchure de la Somme en Picardie : sur les terrains du devant, bordés d'arbres et de buissons, une femme et un enfant à côté d'un homme assis à terre. h. 8 p. l. 11 p. Aquar.

BOURGEOIS (Par M.r Fid.-Flor.-Constant), *Français.*

69 La Chartreuse de Florence : dans l'éloignement, de hautes montagnes ; deux religieux et un voyageur se voyent vers la gauche du devant. Dessin exécuté au bistre sur pap. blanc ; au bas de la terrasse, C.t Bourgeois. h. 7 p. 6 l. l. 10 p. 9 l.

BRUNE (Par M.r   ), *Français.*

70* Reste du Château de Sciacca en Sicile : dans l'éloignement, *Monte San Calogero* ; sur le devant, un paysan se dirige vers les bains d'eaux thermales, situés à la droite de Sciacca; au bord de la terrasse, BRUNE 1821. H. 8 p. L. 11 p. Aquar.

CAMINADE (Par M.ʳ), *Français.*

71 Vestiges du Temple de Castor et Pollux à Agrigente : une habitation villageoise est construite près d'une colonne de ce monument; vers la gauche du devant, un bellier, des moutons et des chèvres; on aperçoit dans le fond, entre des arbres, une chaîne de montagnes. H. 8 p. L. 11 p. Aquar.

CASSAS (Par M.ʳ Louis-François), *de Toulouse.*

72 Entrée de la Salle d'Audience du Grand-Seigneur (appelée *la Sublime-Porte*), à Constantinople : des Musulmans occupent les galeries environnantes. H. 11 p. L. 16 p. Aquar.

73* Tombeaux, à Constantinople : des arbres, d'espèces différentes, couvrent en partie les lieux où ces monumens sont placés; sur le devant, huit figures. H. 11 p. L. 16 p. Aquar.

74* Tombeaux, à Seyde, en Syrie, dans la Turquie asiatique : sur le sol environnant, où sont des palmiers, on remarque trois Musulmans; le fond laisse voir une chaîne de montagnes. H. 11 p. L. 16 p. Aquar.

CASTELAN (Par M.ʳ A.   ), *Français.*

75 La Mosquée, dans l'Eglise de S.ᵗᵉ-Sophie, à Constantinople, prise à l'instant d'une illumination; et la Fontaine Tofana, près la porte du Sérail : à gauche, des Musulmans et un marchand de sorbet; au coin opposé, à terre, les lettres A. C. H. 7 p. 6 l. L. 10 p. 6 l. 2 Aquar.

CHAMPIN (Par M.ʳ J.-J.), *Français.*

76 Les grandes Latomies, et les Aquéducs de Syracuse, en

Gouaches et Dessins.

Suite des Morceaux de Mr J.-J. Champin.

Sicile : à gauche, au bord de la terrasse, J.-J. Champin 1821. H. 8 p. L. 11 p. Aquar.

77 Cascade, près de Palerme : un homme accroupi y puise pour se désaltérer ; vers la gauche, deux colonnes en ruine ; à un rocher, J.-J. Champin 1821. H. 8 p. L. 11 p. Aquar.

DELAFONTAINE (Par Mr D.   ), *Français.*

78 L'Eglise de St-Nicolas-des-Champs, et les Maisons environnantes : on voit, dans le fond, l'arc de triomphe élevé à la gloire de Louis XIV, en 1674 ; des figures occupent les différens plans ; au-dessous du trait carré, D. Delafontaine. H. 9 p. 11 l. L. 7 p. 5 l. Aquar.

DE MEURON (Par Mr Maxi.), *de Neufchâtel, en Suisse.*

79 Glaciers de Velhorn, dans le canton de Berne : sur le devant, à droite, une femme et des chèvres ; dessin au bistre, sur pap. gris. H. 9 p. L. 11 p.

DEROY (Par Mr J.), *Français.*

80* Ruines d'un Monument grec à Tyndare, en Sicile : on remarque, près d'une arcade du monument, un bûcheron ; à droite, au bord de la terrasse, à une pierre, J. Deroy. 1821. H. 8 p. L. 11 p. Aquar.

81* Couvent de Castelvetrano, en Sicile : des arbres et une petite muraille entourent le monastère, une prairie où est un religieux occupe le devant ; à terre, à droite, J. Deroy. 1821. H. 8 p. L. 11 p. Aquar.

82* Extérieur de l'Eglise de Castelvetrano, en Sicile, Monument d'architecture sarrazine. Sujet orné de cinq figures. H. 8 p. L. 11 p. Aquar.

DEVÉRIA (Par Mr Achille), *Français.*

83* Premières Amours d'Henri IV, ou l'origine de couter

Gouaches et Dessins.

fleurette. Deux dessins à la sepia sur pap. blanc. **h.** 9 p.
9 l. **l.** 11 p. 6 l.

DUGOURE (Par M.'), *Architecte français.*

84 Tombeau d'Odymandias à Thèbes en Egypte : sur le
devant, des voyageurs font halte ; et les deux Statues
de Memnon, dans les environs de Thèbes. **h.** 8 p.
l. 11 p. 2 Aquar.

FIELDING (Par M.' Copley), *Anglais.*

85* *Sala di Partenico*, près de Palerme, en Sicile : un
rustre y conduit une jeune fille sur un bouriquet ; au
bord de la terrasse, Copley Fielding 1821. **h.** 8 p.
l. 11 p. Aquar.

86* Ancien Port de Lilybée, et le mont Erix en Sicile :
on aperçoit, au haut du mont, les vestiges du Temple
de Vénus Erycine ; sur le devant un pêcheur. **h.** 8 p.
l. 11 p. Aquar.

87* L'Etna et le Golfe de Milazzo : des pêcheurs tirent
un filet du golfe ; au bord de la terrasse, Copley
Fielding. **h.** 11 p. **l.** 16 p. Aquar.

88* Ecueils des Cyclopes, près Catane en Sicile, pris au
coucher du soleil : sur le devant, des pêcheurs. **h.** 8 p.
l. 11 p. Aquar.

89* Restes du Temple de Jupiter-Olympien, à Syracuse :
cette ville et son ancien port se voyent dans l'éloignement, au-delà des montagnes ; à peu de distance
du Temple, un berger garde des moutons et des
chèvres ; au bord de la terrasse, c. f. 1821. **h.** 8 p.
l. 11 p. Aquar.

90* Château de *Sant'Alessio*, situé au haut d'une montagne, sur la route de Messine, à Taormine, en
Sicile ; au bord de la mer, des bâtimens en radoub ;
à terre, Copley Fielding. **h.** 8 p. **l.** 11 p. Aquar.

91* *La Bagaria*, prise de l'extrémité de la promenade

Suite des Morceaux de M. COPLEY FIELDING.

de Palerme : des barques à voiles qui se dirigent vers un petit fort, se voyent à la droite; au bord de la terrasse, COPLEY FIELDING 1821. H. 8 p. L. 11 p. Aquar.

92* Environs d'Yarmouth : des terres en labour, des pelouses, et des grands arbres, occupent les devants; au bord de la terrasse, COPLEY FIELDING 1819. H. 9 p. 6 l. L. 11 p. 6 l. Aquar.

93* La Jetée de Honfleur, prise à l'instant de la marée basse : sur la vase, des bâtimens échoués. H. 8 p. L. 11 p. Aquar.

FIELDING (Par M.' FRÉDÉRIC), *Anglais.*

94 Partie de la Forteresse de Sciacca : près de là, les eaux thermales; dans l'éloignement, *Monte San Calogero;* les monticules du devant sont couvertes d'arbustes et d'aloès; à droite, un villageois et une laitière se dirigent vers les eaux thermales. H. 8 p. L. 11 p. Aquar.

FIELDING (Par M.' J.-H.), *Anglais.*

95* Intérieur du Temple de la Concorde, à Agrigente : près de là, un pâtre et une jeune fille; à une pierre d'une espèce de trottoir. J.-H. FIELDING 1822. H. 8 p. L. 11 p. Aquar.

96* Théâtre de Segesto, en Sicile : à côté du monument, un berger garde des moutons; à terre, à droite, au bord d'une mare, J.-H. FIELDING. H. 8 p. L. 11 p. Aquar.

FIELDING (Par M.' NEWTON), *Anglais.*

97 Porte Longone, dans l'île d'Elbe : cette ville, située au bord de la mer, est adossée à une montagne, au haut de laquelle on voit sa forteresse; vers la gauche du devant, une barque à voiles; du côté opposé,

Gouaches et Dessins.

Suite des Morceaux de Mr Newton FIELDING.

dans l'éloignement, un vaisseau de haut bord. H. 8 p. L. 11 p. Aquar.

98 *Porte Longone*, vue à l'instant d'un orage: sur le devant, un matelot dirige un grand canot. H. 8 p. L. 11 p. Aquar.

FIELDING (Par Mr THALÈS), *Anglais.*

99 Débris d'un des Temples à Sélinunte, en Sicile: près du temple, un paysan et deux voyageurs; à droite, en mer, une barque à voiles. H. 8 p. L. 11 p. Aquar.

FRANCIA (Par Mr L.), *de Calais.*

100 Le Port d'Alicata, en Sicile: des barques à voiles se dirigent vers un fort; à la droite du devant, un matelot appuyé sur un roc; à terre, L. FRANCIA 1823. H. 8 p. L. 11 p. Aquar.

101 Village de *San Nicolosi*, et *Monte Rosso*, pris du jardin de Mr Gemellaro: une demoiselle, occupée à dessiner, est assise à la droite du devant; du même côté, à un banc, la lettre F. H. 8 p. L. 11 p. Aquar.

102 La Ville de Calais, prise de la rade: à gauche, trois bâtimens à voiles et une chaloupe; du côté opposé, sur une planche, FRANCIA. H. 8 p. L. 11 p. Aquar.

103 La Rade de Calais: on y voit, sur le devant, le bâtiment dit *le Mexico*; dans l'éloignement, le fort et la ville; sur l'eau, à une planche, L. FRANCIA 1821. H. 13 p. L. 18 p. 6 l. Aquar.

104 Environs de la jetée de Calais: Esquisse à l'encre de la Chine, rehaussée de blanc sur pap. bleu. H. 11 p. L. 13 p. 6 l.

FREY (Par Mr SAMUEL), *de Bâle, en Suisse.*

105 Glaciers du Trient, près de la vallée de Chamouny:

à gauche, une baraque en planches; des pilles de bois occupent le côté opposé; sur les différens plans, un villageois, une villageoise, et trois muletiers et leurs mulets; au-dessous du trait carré: *Dessiné d'après nature par S. Frey.* h. 7 p. 6 l. l. 10 p. 6 l.

GILBERT (Par M.' P.   ), *de Brest.*

106* La Porte Royale au port du Hâvre: dans le port, des bâtimens marchands et des canots; au bordage d'un des navires qui occupent la droite, P. GILBERT. H. 8 p. L. 11 p. Aquar.

GUYOT (Par M.'   ), *Français.*

107 *Colote Girone*, ville de Sicile, prise du jardin du couvent des capucins: à la droite, deux religieux. H. 8 p. L. 11 p. Aquar.

HARDINGS (Par M.'   ), *Anglais.*

108 *Porto Longone* dans l'île d'Elbe, sur la côte de Toscane: la ville est située au pied d'une montagne où sa forteresse est placée; à droite et à gauche, des bâtimens en mer; sur l'eau, un baril flottant, qui sert de bouée. H. 8 p. L. 11 p. Aquar.

HILAIR (Par M.' JEAN-BAPTISTE), *Français.*

109* Vue d'un Port dans le Levant: un Turc y fait transporter des caisses par des esclaves; au bord de la terrasse, J.-B. HILAIR 1793. H. 20 p. 3 l. L. 24 p. Aquar.

HIMELY (Par M.' SIGISMOND), *de la Neuville, en Suisse.*

110 La Rivière de l'Arve, près Chamouny: sur le devant, une cariole attelée d'un mulet; dans le fond, des montagnes. H. 7 p. 6 l. L. 16 p. 6 l. Aquar.

INCONNU.

111 Des Cavaliers et des Dames réunis dans la salle de concert du château de Laxenburg, près de Vienne en

Gouaches et Dessins.

Autriche : une des dames pince de la guittare; les voûtes de ce monument, imitées de l'architecture sarrazine, sont richement décorées de sculpture. h. 10 p. t. 14 p. 6 l. Aquar.

ISABEY fils (Par M.r Eugène), *Français.*

112* Port d'Alicata en Sicile : des embarcations, sous pavillons de différentes nations, abordent près du rocher où la ville est placée; au bord de la mer, sur le devant, trois matelots. h. 7 p. 9 l. t. 10 p. 6 l. Aquar.

113* Le Port et la Ville de Catane : une chaloupe sous voiles s'avance vers le port; à gauche, dans le fond, le mont Etna. h. 7 p. 9 l. t. 10 p. 6 l. Aquar.

JUILLERAT (Par M.r), *de Berne.*

114* Village d'Unterseven sur l'Aar, dans le canton de Berne : sur la rivière, deux hommes et une femme dans un bateau; vers la gauche, à un roc, Juillerat 1821. h. 8 p. t. 10 p. Aquar.

115* Le Château de Rinkenberg sur le lac de Brientz, dans le canton de Berne : au pied de cette résidence, de grands arbres et un moulin à eau; le lac est à la gauche; dans l'éloignement, de hautes montagnes; au coin de la terrasse, à droite, Juillerat f 1821. h. 8 p. t. 11 p. Aquar.

116 Le Château de Schadau sur le lac de Thoune, où un marinier fait avancer son bateau pour prendre un porte-balle, une femme et un enfant qui sont à bord : à terre, Juillerat fecit 1821. h. 8 p. t. 11 p. Aquar.

LAFOND (Par M.r D.), *de Berne.*

117 Habitation champêtre des environs de Berne : on y voit une paysanne un enfant dans ses bras; elle est assise à la porte de sa chaumière; à côté d'elle, un

Gouaches et Dessins.

Suite des Morceaux de Mr D. Lafond.

petit garçon; près de là, une rivière en partie retenue par des vannes; sur l'eau, D Lafond 1820. H. 7 p. 2 l. L. 10 p. 3 l. Aquar.

118 Intérieur d'un village des environs de Berne : un pâtre y ramène un troupeau de chèvres, et une paysanne y lave du linge à une fontaine; près d'elle, une femme son enfant dans ses bras; au bord de la terrasse, D. Lafond 1820. H. 7 p. 2 l. L. 10 p. 3 l. Aquar.

LIGER (Par M.^r   ), *Français.*

119 L'Amphithéâtre Flavien, dit le Colisée, et l'Arc élevé en l'honneur de Constantin après la défaite de Maxence; — le Colisée de Vérone : des figures se voyent sur les différens plans de ces vues. H. 20 p. L. 25 p. 6 l. 2 Aquar.

LORDON (Par Mr Jean-Pierre), *Français.*

120* Sujets tirés de l'histoire d'Atala : quatre Dessins aux crayons noir et blanc, sur papier bleu. H. 11 p. 6. l. L. 14 p. 6 l.

LORY père (Par Mr Gabriel), *de Berne.*

121 *Le Kilchgang* ou Visite nocturne d'un Paysan suisse à sa Maîtresse : le jeune garçon, vu à mi-corps par la croisée, a saisi une des mains de la jeune fille, qui, de l'autre, semble lui recommander le silence; une lampe éclaire l'intérieur de la chambre. H. 8 p. 9 l. L. 5 p. 9 l. Aquar.

122* La Vallée de Salenche près Chamouny : on aperçoit, d'un côté, le Mont-Blanc; de l'autre, les montagnes dites *les Aiguilles de Varens*; sur le devant, des chevriers gardent leurs chèvres; au bord du milieu de la terrasse, G Lory. H. 7 p. 6 l. L. 10 p. 6 l. Aquar.

123 Entrée du Rhône dans le Lac de Genève : on aper-

Gouaches et Dessins.

Suite des Morceaux de M.r Gabriel LORY père.

çoit dans l'éloignement, au pied de Montagnes du pays de Vaud, le château de Chillon et le village de Montreux ; sur le devant, à droite, un berger dirige des chèvres et des moutons dans un sentier ombragé de grands arbres qui conduit au Simplon. H. 7 p. 6 l. L. 10 p. 6 l. Aquar. sur un trait à l'eau-forte.

124 Route du Simplon près le village de Saint-Gingouph, au bord du lac de Genève : sur la route, une charrette à quatre roues, attelée de deux bœufs ; à droite, le lac : on y voit quelques barques. H. 7 p. 6 l. L. 10 p. 6 l. Aquar. sur un trait à l'eau-forte.

125 Le Village de Brig sur la Kenter, dans le Vallais, au pied des Montagnes du Simplon : à droite, au bas d'un pont de bois sur le Rhône, un pâtre et des animaux. H. 7 p. 6 l. L. 10 p. 6 l. Aquar. sur un trait à l'eau-forte.

LORY fils (Par M.r GABRIEL), *de Berne.*

126* Le Port et la Ville de Gênes, sur la Méditerranée, où sont, à des hauteurs différentes, une barque à voile et des embarcations ; H. 11 p. L. 16 p. Aquar.

127* La Grotte dite *la Grotte aux Chèvres*, sur le mont Etna : deux pâtres et une bergère sont à l'entrée de la grotte, où l'on aperçoit des chèvres ; dans les environs de ce lieu solitaire, de grands bois ; à gauche, au coin de la terrasse, G LORY *fils.* H. 8 p. L. 11 p. Aquar.

128* Vestiges du Portique d'un Château à Éphèse, ville de la Turquie Asiatique, dans la Natolie : près de là, des ministres du culte grec, de jeunes femmes et des enfans. H. 11 p. L. 16 p. Aquar.

129* Cascades et Glaciers du Schmadribach dans la vallée de Lauterbrunen, au canton de Berne : à gauche sous

Gouaches et Dessins.

Suite des Morceaux de M.r Gabriel Loay *fils.*

un chalet, un paysan et une paysanne; près de là une jeune fille trait une vache, quatre autres vaches broutent l'herbe; vers le bord du milieu de la terrasse, G Loay *fils.* H. 7 p. 6 l. L. 10 p. 6 l. Aquar.

130 Le Pont du Diable, sur la route du Saint-Gothard, en Suisse : les eaux de la Reuss tombent en cascades sous le pont, où passent des mulets chargés; à une pierre du parapet, G. Loay *fils* 1819. H. 10 p. 6 l. L. 7 p. 6 l. Aquar.

131* L'Orangerie, le Château et partie de la Ville de Versailles, vus de la Pièce d'Eau, dite *la Pièce des Suisses:* au bord de l'eau, un chasseur et une paysanne. H. 11 p. L. 16 p. Aquar.

132* Porte Orientale de la Summa Musjid, à Delhi; — Porte du Tombeau de l'Empereur Akbar, à Secondra, près Agra, dans l'Indoustan. H. 11 p. L. 16 p. 2 Aquar., d'apr. les Dessins de Daniell.

133* Partie du Palais fortifié d'Allahabad; — Mausolée de Macdoom, Schah Dowlut à Moncah, sur la rivière Soane, dans l'Indoustan. H. 11 p. L. 16 p. 2 Aquar., d'apr. les Dessins de Daniell.

LUTTRINGSHAUSEN (Par M.r Henri), *de Bâle, en Suisse.*

134* Restes du Temple de Junon-Lucine, à Agrigente en Sicile : à droite, dans le fond, on aperçoit la ville moderne d'Agrigente; sur le devant, un paysan debout près d'une femme assise; à gauche, au bord de la terrasse, Luttringshausen. H. 7 p. 6 l. L. 10 p. 6 l. Aquar.

135* Le Temple de la Concorde à Agrigente : le sol du devant est couvert d'aloès et d'autres plantes; vers le milieu, un pâtre, assis à terre, joue du flageolet

Suite des Morceaux de Mr Henri LUTTRINGSHAUSEN.

en gardant des chèvres; une fileuse est près de lui; au coin, à gauche, LUTTRINGSHAUSEN. H. 7 p. 6 l. L. 10 p. 6 l. Aquar.

136* Le Tombeau de Théron, à Agrigente : près de là un homme en capote, assis sur une pierre; une femme est debout devant lui; on aperçoit dans l'éloignement la Méditerranée. H. 8 p. L. 11 p. Aquar.

137* Gibraltar, au Détroit du même nom, vu de la pointe d'Algésiras : sur mer, des passagers dans une chaloupe que font avancer des rameurs; et, vers la gauche, un bâtiment de haut-bord; on aperçoit dans l'éloignement la baie de Gibraltar. H. 7 p. 6 l. L. 10 p. 6 l. Aquar.

138* L'Intérieur de l'Avant-Port du Hâvre, pris au clair de lune : sur le devant, à droite, un jeune garçon et une paysanne près d'un matelot occupé à faire la cuisine. H. 8 p. L. 11 p. Aquar.

139* La Ville de Mexico au centre du lac de ce nom : le lac est coupé de chaussées qui conduisent à la ville; le devant est couvert de palmiers et d'autres bois près desquels deux hommes se reposent. H. 7 p. 6 l. L. 10 p. 6 l. Aquar.

MACKENSIE (Par M.^r), *Anglais.*

140 Chapelle dans l'abbaye royale de Westminster : à droite, un tombeau entouré d'une grille de fer. H. 15 p. L. 10 p. Aquar.

141 Chapelle dans l'abbaye de Westminster : deux dames viennent en admirer les monumens. H. 16 p. L. 10 p. 6 l. Aquar.

MALLET (Par Mr JEAN-BAPTISTE), *Français.*

142* Sujets tirés de l'histoire de l'Amour : quatre Dessins

Gouaches et Dessins.

aux crayons noir et blanc, sur pap. gris. ʜ. 10 p. 10 l. ʟ. 13 p.

MARTINET (Par M.ʳ), *Français.*

143 Scène d'Équitation; Maréchaux ferrant : trois Dessins au bistre, sur papier blanc. ʜ. 7 p. ʟ. 11 p.

MEYER (Par M.ʳ Frédéric), *de Bâle en Suisse.*

144 Cour d'Habitation villageoise du Gouggisberg, dans le canton de Lucerne : on y voit trois jeunes filles, dont le court vêtement cache à-peine le haut du genou ; l'une boit à une fontaine qu'ombragent de grands arbres ; des deux autres, une debout sa faucille à la main ; l'autre se repose sur le gazon ; à gauche, à la coupe d'un tronc d'arbre couché à terre, F. Meyer 1819. ʜ. 8 p. 6 l. ʟ. 11 p.

145 Halte de Villageois et de Villageoises fribourgeois : un des villageois s'appuie sur une vache : Composition de six figures ; à un tertre, F. Meyer 1822. ʜ. 9 p. ʟ. 12 p. Aquar.

146 Paysans et Paysannes conversant ensemble : une des paysannes est en costume d'été, l'autre en costume d'hiver ; à leur droite, une borne avec écusson aux armes de Soleure ; à un tertre, F. Meyer 1820. ʜ. 8 p. ʟ. 9 p. Aquar.

147 Jeune Garçon et jeune Fille du canton d'Argovie, debout sur un tertre : au bord du tertre, F. Meyer 1820. ʜ. 9 p. ʟ. 7 p. 6 l.

MEYER (Par M.ʳ J.-Jac.), *de Zurich.*

148*La Ville de Schwitz : dans l'éloignement à gauche, le lac de Lucerne, à droite celui de Lowertz, dominé par le mont Regi ; ce côté est en partie recouvert par les terres de la montagne, dont l'éboulement fit périr cinq à six cents habitans, engloutit le village de Goldau, et combla partie du lac : une femme, à

Gouaches et Dessins.

Suite des Morceaux de M. J.-Jac. Meyer.

côté d'une vache que trait une jeune fille, occupe le devant; du côté opposé, une chapelle; au bord de la terrasse, J.-J. Meyer. h. 7 p. 6 l. l. 10 p. 6 l. Aquar.

149 Le Château et partie de la Ville de Lausanne, en Suisse: des bois et des prairies couvrent les environs, une pelouse, où sont un pâtre et des moutons, borde la gauche du devant; à terre du côté opposé, J.-J. Meyer. 1817. h. 7 p. 6 l. l. 10 p. 6 l. Aquar.

150 Le Village de Grindenwald, au pied du glacier supérieur de ce nom, dans le canton de Berne: à gauche un châlet, près de là un faucheur et une paysanne dirigent leur marche vers le village; à terre, au bord du chemin, J.-J. Meyer. h. 7 p. 6 l. l. 10 p. 6 l.

151 *Ponte Brolo* dans le canton du Tessin, site agreste, couvert de montagnes coupées de ravins où les eaux jaillissent sur des rocs. h. 7 p. 6 l. l. 10 p. 6 l. Aquar.

152 Galerie d'Umerloch sur la route du Saint-Gothard: dans l'éloignement, le village d'Andermatt; le devant, à droite, est occupé par deux villageois et deux mulets chargés; du côté opposé, au bas d'un roc, J.-J. Meyer. 1817. h. 17 p. 6 l. l. 10 p. 6 l.

MICHALON (Par Achille-Etna), *Français.*

153 Vues: de l'Ile de Capri, dans le Golfe de Naples, de Messine, des Environs de Palerme, de Jardini, village près de Taormine, du Temple de Junon à Agrigente, du Temple de Segeste, et de la Chapelle de *San Salvador* à Catane en Sicile. 8 Esquisses au crayon noir, sur pap. blanc. 2 Lots.

MONGIN (Par M.ʳ), *Français.*

154*Deux Vues du Château de Versailles, prises de

Suite des Morceaux de Mr Mongin.

l'orangerie : dans l'une, des dames et des cavaliers au bord d'une pièce d'eau; dans l'autre, un pâtre et des moutons. H. 10 p. 6 l. L. 14 p. 6 l. Aquar.

155* Le Palais du Luxembourg, du côté du jardin; et le Château de Trianon, du côté du parc : Vues ornées de figures. H. 10 p. 6 l. L. 14 p. 6 l. Aquar. et Gouache.

MORITZ (Par Mr F.-W.), *Suisse.*

156* Messine, et une partie du Détroit, pris des hauteurs de Messine : trois grands arbres, dont la cime se détache sur le Ciel, occupent la droite du devant. H. 7 p. 6 l. L. 10 p. 6 l. Aquar.

157* La Ville de Cefalu, sur le bord de la mer, dans la partie septentrionale de la Sicile : une villageoise montée sur un âne, et un muletier qui fait avancer un mulet chargé, sortent d'une forêt d'oliviers qu'on voit à la droite; au coin de la terrasse, F. W. Moritz. 1821. H. 11 p. L. 16 p. Aquar.

158* Campagnes des environs de Tyndare, en Sicile, prises des hauteurs de cette ville : à gauche, dans l'éloignement, le golfe de Milazzo; une villageoise assise, et un homme en manteau, un grand bâton à la main, occupent le devant : un chien est près d'eux. H. 8 p. L. 11 p. Aquar.

159* Carrières de *Campo Bello*, près Selinunte, en Sicile : à la droite du devant, une villageoise, un pâtre et des moutons; au milieu, au bord de la terrasse, F. W. Moritz 1821. H. 8 p. L. 10 p. Aquar.

160* Tombeau de Theron, à Agrigente, en Sicile : des bois couvrent les environs; à droite, un chemin où un villageois conduit une femme et un enfant montés sur un âne; à gauche, au coin de la terrasse, Moritz 1815. H. 7 p. 6 l. L. 9 p. 6 l. Aquar.

Gouaches et Dessins. 27

Suite des Morceaux de M.ʳ F. W. Moritz.

161*Le Couvent de *Santa Maria di Jesus*, près Palerme, en Sicile; à gauche, deux religieux de ce monastère; du côté opposé, une fontaine. h. 8 p. l. 11 p. Aquar.

162*Le Lac de Brientz, dans le canton de Berne : les eaux du Lac serpentent entre des montagnes; de grands arbres et des taillis bordent les devants; à gauche, une jeune fille, assise au pied d'un roc, caresse un mouton; au coin de la terrasse, F. W. Moritz. 1818. h. 7 p. 6 l. l. 10 p. 6 l. Aquar.

163*Glacier de Gridenwald, dans le canton de Berne : à la droite du devant, à peu de distance d'un châlet, une cascade tombe du haut d'un rocher; vers le milieu, un pâtre garde des animaux. h. 7 p. 6 l. l. 10 p. 6 l.

164 Village de Fleurier, dans le val de Travers, canton de Neufchâtel, près de Motiers, lieu qu'habitait Jean-Jacques Rousseau : le devant est occupé par une prairie, où cinq vaches broutent l'herbe. h. 7 p. 6 l. l. 9 p. 6 l. Aquar.

NICOLLE (Par M.ʳ Jean-Victor), *de Paris.*

165 Mausolée de *Cecilia Metella*, communément appelé *Capo di Bove*, et d'autres Monumens de Rome. h. 7 p. 9 l. l. 11 p. 6 l.; — la Porte *San Lorenzo*, et des Murs de Rome. h. 5 p. l. 7 p. 6 l. 2 Aquar.

166*Intérieur des Souterrains, à Catane, en Sicile : on y remarque deux voyageurs conduits par un Sicilien. h. 11 p. l. 8 p. Aquar.

NOEL (Par M.ʳ Jean), *Français.*

167*Port de Trapani, en Sicile, vu au clair de la lune : la ville est à la droite; du même côté, au bord de la

Gouaches et Dessins.

Suite des Morceaux de M.r Jean NOEL.

mer, une villageoise et deux villageois; à gauche, un bâtiment échoué sur le sable. H. 5 p. 6 l. L. 8 p.

168*Harfleur, en Caux, et la Rivière de la Lezarde; — l'Intérieur de l'Avant-Port du Hâvre : le bâtiment de la douane est à la droite; et sur la jetée une maison particulière. H. 5 p. 6 l. L. 8 p. 2 Gouaches.

169*Le Hâvre-de-Grâce, son Port et sa Rade, pris des hauteurs d'Ingouville : des figures ornent les devants. H. 12 p. L. 16 p. Gouache.

170 La Rade du Hâvre, prise de la jetée par un gros temps : à gauche, un navire arrivant; la jetée est occupée par un matelot et quatre villageoises. H. 11 p. L. 16 p. Gouache.

171*Rouen sur Seine, pris de l'île où se construit le pont de pierre : la ville est à la droite, et le faubourg S.t-Sévère, où l'on arrive par un pont de bateaux, à la gauche; et la jetée du hâvre prise au clair de la lune; à droite, un bâtiment arrivant au port. H. 5 p. L. 8 p. 2 Gouaches.

172*Deux Vues de Mer, l'une prise par un gros temps, l'autre par un temps calme : on y voit des pêcheurs. H. 7 p. 10 l. L. 10 p. 10 l. Gouaches.

173*Le Bassin du Canal de l'Ourcq, à la Villette, près de la barrière S.t-Martin; — Tombeau de style antique, élevé dans le parc de Montmerency. H. 8 p. L. 10 p. 2 Gouaches.

OWEN (Par M.r), *Anglais.*

174 Vue de Mer par un temps calme : à gauche, des matelots dans une barque; dans l'éloignement, un vaisseau de haut-bord et d'autres bâtimens. H. 6 p. L. 7 p. 6 l. Aquar.

Gouaches et Dessins.

PROUT (Par M.r Samuel), *Anglais.*

175* Vestiges du grand Temple de Selinunte, en Sicile: six voyageurs, les uns à cheval, les autres à pied, visitent les débris de ce monument : dans l'éloignement, la ville de Castelvetrano et la Méditerranée. h. 11 p. l. 16 p. Aquar.

RENOUX (Par M.r Charles), *Français.*

176* Intérieur d'une Chapelle du Château de Sion, dans le Vallais : aux murs de ce monument en ruine, des fragmens de peintures à fresque; à droite, une femme montre à deux hommes l'entrée d'un souterrain; à terre, à gauche, Renoux. 1823. h. 7 p. 6 l. l. 10 p. Aquar.

RHYNER (Par M.r   ), *de Berne.*

177* Vue générale des Glaciers de l'Auberland, prise du sommet du Beatenberg, au-dessus du lac de Thoune : ce lieu présente une vaste étendue de la chaîne des Alpes; des chamois occupent la gauche du devant. h. 7 p. 6 l. l. 10 p. Aquar.

ROSE (M.lle d'O.), *de Suisse.*

178 Monument chinois, dans un bois, sur les frontières de la Tartarie : à la droite, une rivière; — le château de Trianon, du côté du parc : un villageois y conduit une barque sur un canal. h. 7 p. 6 l. l. 11 p. Aquar.

179 Paysanne du canton de Berne : elle est debout, son sac à la main. — Deux Servantes bernoises à la porte d'une cave. Aquar., format in-8.°

ROUX (Par M.r Antoine), *de Marseille.*

180 Trois Vues de Marseille : la 1.re, de l'entrée du port, près du rivage de la Tourette; la 2.e, du port, prise de la rue de la Canebière; la 3.e, du Lazareth et de la Tuerie. h. 8. p. l. 11 p. Aquar.

SALATHÉ (Par M.' FRÉDÉRIC), *de Bâle, en Suisse.*

181* Mascali, au pied du mont Etna : les environs sont occupés par des rochers en partie couverts d'arbres, et par un champ où des moissonneurs scient des blés. H. 8 p. L. 11 p. Aquar.

182* Le Port et la Ville de Dieppe, dans la Haute-Normandie, au pays de Caux, pris de l'Est : on remarque, au premier plan, deux villageois sur leur bourique. H. 8 p. L. 11 p. Aquar.

183 Deux paysages, où sont une chapelle, et une mare entourée d'arbres. H. 4 p. 6 l. L. 6 à 7 p. Aquar.

SEPHERD (Par M.' G.), *Anglais.*

184 *Coal-Arbourg* : dans l'éloignement, on aperçoit des habitations ; au-delà, une église avec tour ; le devant, à gauche, est occupé par une barque à voiles ; sur l'eau, G. SEPHERD. 1811. H. 7 p. 6 l. L. 10 p. Aquar.

185 Cantorbéry, capitale du Comté de Kent, et l'Église de Saint-Augustin : le devant est occupé par une charrette chargée de bois, attelée de deux chevaux conduits par un villageois. H. 8 p. L. 19 p. Aquar.

STEINLEN (Par M. THÉODORE), *Suisse.*

186 Restes du Temple de Junon-Lucine, à Agrigente en Sicile : on aperçoit, dans les campagnes qui sont à droite, le temple de la Concorde ; à gauche du devant un paysan et une paysanne ; et au bord de la terrasse, TH. STEINLEN 1815. H. 7 p. 6 l. L. 10 p. 6 l. Aquar.

187* L'Excavation, dite *l'Oreille de Denis,* dans les Latomies à Syracuse : deux villageois en marche se voyent dans un sentier à la gauche du devant. H. 10 p. 6 l. L. 7 p. 6 l. Aquar.

188 Restes du Théâtre à Syracuse : des eaux y tombent en cascades sur plusieurs des gradins ; à la droite

Suite des Morceaux de M.r Théodore STEINLEN.

du devant, un religieux et deux voyageurs. н. 7 p. 6 l. l. 10 p. 6 l.

189* Temple Hindoo à Deo, dans le Bahar; Temple de Jubma à Delhi; — Portique d'un Temple à Churnaghur dans l'Indoustan. н. 16 p. 6 l. l. 25 p. 3 Aquar. d'après les Dessins de Daniell.

190* Tombeau de l'empereur Shere Shah Assaram dans le Bahar; — Mausolée du sultan Chusero, près Allahabad dans l'Indoustan. н. 16 p. 6 l. l. 25 p. 2 Aquar. la première d'après le Dessin de Daniell; la seconde d'après celui d'Hodges.

STOCKDALL (Par M.r), *Anglais.*

191 Habitation champêtre du Yorcksire en Angleterre : sur le devant, des animaux dans une prairie; — Monument celtique, dit *les Pierres des Géans*, ou Chaussée du Géan, dans la partie orientale du comté d'Antrin, en Irlande. н. 6 p. l. 9 p. 6 l. 2 Aquar.

THIENON (Par M.r CLAUDE), *Français.*

192* Emplacement de la Maison de Timoléon à Syracuse: près de là une fontaine, des femmes y lavent du linge; on remarque, dans la campagne, deux villageois assis à côté d'un buisson; et, dans l'éloignement, on aperçoit la nouvelle ville de Syracuse; à gauche, au coin de la terrasse, THIENON. н. 7 p. 6 l. l. 10 p. Aquar.

TOPFER (Par M.r ADAM), *de Genève.*

193* Campagne de Savoie dans les environs de Genève: à droite, une fontaine ombragée de grands arbres; des femmes y lavent du linge; des masures occupent le côté opposé; dans le fond, une chaîne de montagnes; à la droite du devant, à une pierre, le chiffre

Gouaches et Dessins.

Suite des Morceaux de M.r Adam TOPFER.

formé des lettres AT (*Adam Topfer*) et l'année 1820. H. 8 p. L. 12 p. Aquar.

194 Village de Savoie dans les environs de Genève : un paysan est assis à côté d'une fontaine où deux villageoises et un jeune garçon viennent puiser; des chaumières entourées d'arbres occupent la gauche ; dans le fond, des montagnes; au milieu du bord de la terrasse, le chiffre AT. H. 7 p. L. 10 p. 6 l. Aquar.

195* Jeunes Marchandes de beurre revenant du marché: plus loin, un village où arrivent des paysannes et un paysan; au tablier d'une des marchandes, le chiffre AT. H. 8 p. 6 l. L. 6 p. Aquar.

196 Deux Villageoises se reposant près d'un rocher : l'une est coiffée en chapeau de paille; les cheveux de la seconde sont recouverts d'un mouchoir noir; sur le sol où elles sont assises, des broussailles et des plantes; à droite, à une pierre, le chiffre AT. H. 7 p. L. 8 p. 9 l. Aquar.

197* Trois Servantes genevoises à la fontaine : près de l'auge qui en reçoit l'eau, de grandes plantes; à droite, au bord de la terrasse, le chiffre AT. H. 8 p. 6 l. L. 8 p. Aquar.

198 Charrette abritée, sous un angar couvert en chaume, et entouré de grands arbres : vers la droite, une jeune fille près d'une barrière; à terre, à gauche, le chiffre AT. Dessin lavé à l'encre de la Chine, sur pap. blanc. H. 8 p. L. 12 p.

VAUZELLE (Par M.r), *Français.*

199* La Cathédrale de Palerme, prise à l'instant où le Clergé sort en procession de cette Basilique : des groupes de fidèles occupent les devants et les envi-

Gouaches et Dessins.

Suite des Morceaux de M.r VAUZELLE.

rons de la balustrade dont le parvis de cette église est entouré ; à terre, au bord à droite, VAUZELLE. H. 11 p. L. 16 p. Aquar.

200* Extérieur de l'Eglise de *Santa Maria della Catana* à Palerme : près de là, d'un côté, deux hommes ; de l'autre, la statue d'un prince sicilien ; on aperçoit dans le fond, derrière un mur d'enceinte, des bâtimens du port ; au milieu du bord de la terrasse, VAUZELLE. H. 10 p. L. 8 p. 6 l. Aquar.

201* Intérieur d'une Chapelle souterraine de l'église cathédrale de Messine, ville située dans le val de Démona en Sicile : les voûtes de ce monument d'architecture du moyen-âge sont décorées de sculptures ; à gauche, deux hommes à peu de distance d'une femme en prière ; à terre, au coin à droite, VAUZELLE. H. 8 p. L. 11 p. Aquar.

202* Entrée du Musée du prince Biscaris, savant antiquaire à Catane, ville située au pied du mont Etna en Sicile : deux femmes sont à la gauche ; au milieu du bord de la terrasse, VAUZELLE. H. 8 p. L. 11 p. Aquar.

VOLLENWEIDER (Par M.r RODOLPHE), *de Bâle, en Suisse.*

203* La Ville de Thoun dans le canton de Berne : elle est bordée par la rivière de l'Aar, où un marinier conduit deux dames et un cavalier dans un bateau ; au-dessus du trait carré, R. VOLLENWEIDER *ad. nat. fecit.* H. 7 p. 6 l. L. 10 p. 6 l. Aquar.

VOLMAR (Par M.r J.-J.), *de Berne.*

204 Deux petits Garçons agaçant un jeune Chien qu'ils ont fait sortir d'un tonneau qui lui sert de niche : à

gauche, au coin de la terrasse, J.-J. VOLMAR. H. 5 p. 1 l. L. 4 p. 3 l. Aquar.

WARLEY (Par M.' J.), *Anglais.*

205* *La Spaggia di Rio* dans l'île d'Elbe : des rochers occupent les devants; on y remarque un villageois et deux villageoises dans un sentier coupé dans le roc; au loin, à terre, J. WARLEY. H. 8 p. L. 11 p. Aquar.

WETZEL (Par M.' J.), *de Zurich.*

206 Village d'*Intra*, sur le lac Majeure dans le Milanais : à droite du lac, une barque couverte d'une banne; du côté opposé, une laveuse; sur l'eau, J. WETZEL 1820. H. 7 p. 6 l. L. 10 p. 6 l. Aquar.

207 La Chute du Rhin à Schaffhouse : au-delà du Rhin, au haut d'une montagne, le château de l'Aufen; à la droite de cette vue, prise au clair de la lune, un homme dans un bateau. H. 7 p. 6 l. L. 10 p. 6 l. Aquar.

WILD (Par M.'), *Anglais.*

208 Intérieur du Temple de Segeste en Sicile, vu au clair de la lune : on y remarque deux hommes et une femme devant une tente. H. 8 p. L. 11 p. Aquar.

---

209 Outremer (de Sibérie), de quatre qualités différentes, dont on formera 18 Articles.

210 Quarante-deux Bâtons d'Encre *dite* de la Chine, dont on formera plusieurs Articles.

211 Les Tableaux, Gouaches et Dessins non décrits au Catalogue, seront divisés sous ce Numéro.

FIN.

ORDRE DE LA VENTE.

Première Vacation, *Lundi* 22 *décembre* 1823.

Tableaux : N.ᵒˢ 1, 2, 4, 5, 6, 7, 8, 9, 11, 16, 17, 18, 28, 29, 35, 46. Gouaches et Dessins : N.ᵒˢ 47, 49, 50, 51, 52, 56, 57, 58, 66, 67, 68, 69, 70, 71, 74, 75, 76, 77, 79, 84, 91, 92, 93, 97, 100, 102, 104, 105, 110, 119, 120, 130, 134, 135, 137, 138, 139, 140, 141, 143, 146, 147, 154, 155, 167, 172, 174, 177, 179, 193, 202, 204, 206, 207, 209 partie, 210 partie, et 211 partie.

Deuxième Vacation, *Mardi* 23.

Tableaux, N.ᵒˢ 10, 12, 13, 19, 20, 21, 22, 23, 24, 25, 32, 33, 36, 37, 38 : Gouaches et Dessins : N.ᵒˢ 48, 55, 59, 63, 64, 65, 73, 78, 83, 87, 88, 89, 101, 103, 106, 107, 109, 112, 113, 117, 118, 122, 127, 128, 129, 132, 133, 136, 142, 144, 145, 150, 151, 152, 161, 162, 163, 164, 168, 173, 178, 181, 182, 183, 185, 188, 189, 190, 191, 194, 197, 201, 203, 208, 209 partie, 210 partie, et 211 partie.

Troisième Vacation, *Mercredi* 24.

Tableaux : N.ᵒˢ 3, 14, 15, 26, 27, 30, 31, 34, 39, 40, 41, 42, 43, 44, 44, 45. Gouaches et Dessins, N.ᵒˢ 53, 54, 60, 61, 62, 72, 80, 81, 82, 85, 86, 90, 94, 95, 96, 98, 99, 108, 111, 114, 115, 116, 121, 123, 124, 125, 126, 131, 148, 149, 153, 156, 157, 158, 159, 160, 165, 166, 169, 170, 171, 175, 176, 180, 184, 186, 187, 192, 195, 196, 198, 199, 200, 205, 209 partie restante, 210 partie restante, et 211 partie restante.

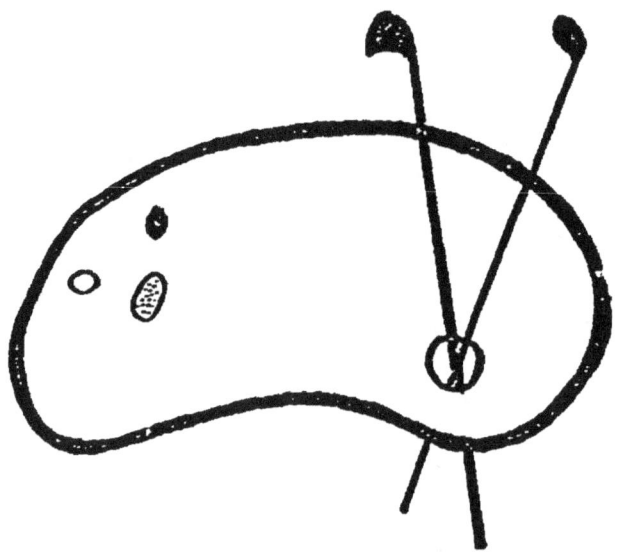

ORIGINAL EN COULEUR
NF Z 43-120-8

www.ingramcontent.com/pod-product-compliance
Lightning Source LLC
Chambersburg PA
CBHW030057230526

45471CB00003B/1138